Nach den seit 1.8.2006 verbindlichen Rechtschreibregeln.

Bibliografische Information der Deutschen Nationalbibliothek
Die Deutsche Nationalbibliothek verzeichnet diese Publikation
in der Deutschen Nationalbibliografie;
detaillierte bibliografische Daten sind im Internet
über http://dnb.ddb.de abrufbar.

Das Wort **Duden** ist für den Verlag
Bibliografisches Institut & F. A. Brockhaus AG
als Marke geschützt.

Alle Rechte vorbehalten.
Nachdruck, auch auszugsweise, verboten.
© Bibliographisches Institut & F. A. Brockhaus AG,
Mannheim 2008 D C B A
Redaktionelle Leitung: Eva Günkinger
Lektorat: Sophia Marzolff
Fachberatung: Ulrike Holzwarth-Raether
Herstellung: Claudia Rönsch
Layout und Satz: Michelle Vollmer, Mainz
Umschlaggestaltung: Mischa Acker
Printed in Malaysia
ISBN: 978-3-411-70804-8

Amelie lernt hexen

Manfred Mai

mit Bildern von Stephan Pricken

Dudenverlag
Mannheim · Leipzig · Wien · Zürich

Amelie feiert Geburtstag.
Sieben Kerzen brennen
auf der Geburtstagstorte.

Amelie pustet sie aus.
Geschafft!
Ihre Freunde und Mama
klatschen in die Hände.

1. Fall: Was hat Amelie geschenkt bekommen?

 ein Poesiealbum

Dann packt Amelie
die Geschenke aus.
Ein Buch ist dabei
und ein Poesiealbum.

 ☐ ein Peosiealbum

 ☐ ein Poesiealbum

Beim letzten Päckchen
murmelt Amelie etwas.
Sie wünscht sich so sehr,
dass ein Kätzchen drin ist!

Amelie strahlt
über das ganze Gesicht.
Ihr größter Wunsch
ist in Erfüllung gegangen!

„Ein Kätzchen?",
wundert sich Mama.
„Aber ich habe doch
einen Stoffbären eingepackt."

„Wie kann dann ein Kätzchen herauskommen?", fragt ein Kind.
„Hm", macht Mama,
„ich habe da einen Verdacht."

„Was für einen Verdacht?",
will ein anderes Kind wissen.
Aber Mama verrät nichts.

Sie zwinkert Amelie
nur verschwörerisch zu.
„Meinst du, ich bin jetzt …"
„Pssst!", macht Mama.

Nachdem alle Kinder weg sind,
sagt Mama zu Amelie:
„Seit heute bist du eine
kleine Hexe, mein Schatz."

12

„Wirklich?", fragt Amelie.
Mama nickt. „Das Kätzchen
ist der Beweis."
Amelie fällt Mama um den Hals.

Und nur wenig später
fliegen sie auf Mamas Besen
in den Hexenwald!

Die Oberhexe Cleodie kommt
aus ihrem Hexenhaus.
Sie hat einen Besen
in der Hand.

„Sieben Jahre bist du jetzt",
sagt Cleodie feierlich
und übergibt Amelie den Besen.

2. Fall: Woher hat Amelie ihren Hexenbesen?

 von der Oberhexe

„Damit er fliegt, musst du das Zauberwort sagen", erklärt Cleodie.
„Es lautet: Filiwupps."

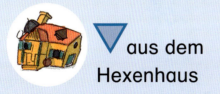 aus dem Hexenhaus

 von ihrer Mutter

Amelie schaut Mama an.
Die nickt ihr aufmunternd zu.
Da setzt sich Amelie
auf den Besen.

„Filiwupp", sagt sie leise.
Der Besen ruckelt wie wild
und Amelie landet im Gras.

„Du blöder Besen, du!",
schimpft Amelie.
„Der Besen ist nicht blöd",
sagt die Oberhexe.

„Warum hat er mich dann
abgeworfen?", fragt Amelie.
„Weil du Filiwupp
statt Filiwupps gesagt hast."

Amelie versucht es noch mal:
„Filiwupps."
Kaum hat sie es ausgesprochen,
schon fliegt der Besen.

Ganz schön wackelig ist das!
Amelie kann sich kaum halten.
Aber nach ein paar Runden
klappt es schon recht gut.

Alleine fliegen
ist viel schöner,
als bei Mama mitzufliegen!

3. Fall: Wie heißt das Zauberwort zum Fliegen?

 ○ Fidibus

„Amelie!", ruft Cleodie.
„Komm wieder herunter!"
Amelie drückt den Besen
nach unten und landet sicher.

Filiwupps   Fidelbumm

„Jetzt bekommst du noch
ein großes Zauberbuch",
sagt die Oberhexe.

26

„Da steht alles drin,
was du wissen musst,
um eine gute Hexe zu werden."
Amelie freut sich riesig.

Zu Hause probiert sie
das Zauberbuch gleich aus:
„Hokuspokus, Krötenkuss,
die Mütze soll fliegen!"

Stattdessen fällt
die Lampe von der Decke.
Oje, Amelie muss wohl
noch viel üben.

Später versteckt sie das Buch.
Denn außer Mama
darf niemand wissen, dass
sie eine Hexe ist. Leider!

Nur das Kätzchen weiß es.
Vergnügt springt es
auf Amelies Schulter
und schnurrt.

Was sagst du dazu?

Wenn du eine Hexe wärst – was würdest du herbeihexen? Was würdest du forthexen?

Schreibe deine Geschichte auf und schicke sie uns!
Als Dankeschön verlosen wir unter den
Einsendern zweimal jährlich tolle Buchpreise
aus unserem aktuellen Programm!
Eine Auswahl der Einsendungen veröffentlichen wir
außerdem unter www.lesedetektive.de.

Bibliographisches Institut &
F. A. Brockhaus AG
Duden – Kinder- und
Jugendbuchredaktion
Kennwort: **Amelie**
Postfach 10 03 11
68003 Mannheim
E-Mail: lesedetektive@duden.de